Les Canucks de Vancouver

Don Cruickshank

Weigl

La maison d'édition Weig[l]
tient à remercier la famill[e]
Hoffart pour avoir inspiré
cette série de livres.

Publié par Weigl Educational Publishers Limited
6325 10th Street S.E.
Calgary, Alberta T2H 2Z9
Site web : www.weigl.ca

Bibliothèque et Archives Canada - Catalogage dans les publications
Cruickshank, Don, 1977-
          Les Canucks de Vancouver / Don Cruickshank.
(Le hockey au Canada)
Comprend l'index.
ISBN 978-1-77071-427-4 (relié).
          1. Les Canucks de Vancouver (équipe de hockey)--Littérature pour adolescents.
I. Titre. II. Série : Cruickshank, Don, 1977- . Le hockey au Canada.
GV848.V35C775 2011   j796.962'640971133   C2011-900793-2

Imprimé aux États-Unis d'Amérique à North Mankato, Minnesota
1 2 3 4 5 6 7 8 9 0 15 14 13 12 11

072011
WEP040711

Coordonnateur de projet : Aaron Carr
Directeur artistique : Terry Paulhus
Traduction : Tanjah Karvonen

Weigl reconnaît que les Images Getty est son principal fournisseur de photos
pour ce titre.

Tous les efforts raisonnablement possibles ont été mis en œuvre pour
déterminer la propriété du matériel protégé par les droits d'auteur et obtenir
l'autorisation de le reproduire. N'hésitez pas à faire part à l'équipe de rédacti[on]
de toute erreur ou omission, ce qui permettra de corriger les futures éditions.

Dans notre travail d'édition, nous recevons le soutien financier du
gouvernement du Canada par l'entremise du Fonds du livre du Canada.

TABLE DES MATIÈRES

4

L'histoire des Canucks

En 1970, la ville de Vancouver a mérité une équipe de **la Ligue nationale de hockey (LNH)**. Ils étaient la treizième équipe à se joindre à la LNH. Les Sabres de Buffalo ont joint la LNH cette année-là aussi.

En 1975, les Canucks ont gagné dans leur **division** pour la première fois. Ils ont fini la saison régulière avec 86 points. C'était aussi la première fois dans leur histoire que les Canucks étaient dans les séries éliminatoires. Vancouver a gagné dans sa division neuf fois.

Les Canucks ont joué dans trois championnats de la Coupe Stanley : en 1982, 1994 et 2011.

L'aréna des Canucks

Le premier **aréna** des Canucks était le *Pacific Coliseum*. En 1995, ils ont déménagé à la Place General Motors. De nos jours, c'est nommé l'Aréna Rogers. Cet aréna a **une capacité** de 18 630 spectateurs pour les matchs des Canucks.

Au mois de février 2010, l'Aréna Rogers a changé son nom pour la Place du Hockey du Canada pour les Jeux olympiques d'hiver. L'équipe de hockey masculine et féminine ont remporté des médailles d'or pour le Canada dans cet aréna.

Plus de 17 millions de spectateurs ont assisté à des événements à l'Aréna Rogers.

Les chandails

Le chandail à domicile est bleu avec une bordure verte et blanche. **L'orque** (ou l'épaulard) sur le chandail est devenu **le logo** de l'équipe en 1997.

Le chandail de visite est blanc avec une bordure verte et bleue. Ils ont porté ces chandails depuis 2007.

Le troisième chandail a une patinoire de hockey dessus avec un bâton de hockey à l'intérieur. Le bâton et la patinoire forment la lettre C.

Le troisième chandail est dans le même style que le chandail que portait l'équipe en 1970.

Le masque des gardiens de but

 Kirk McLean a peint son masque noir, orange et jaune. C'étaient les couleurs des Canucks pendant presque 20 ans.

 Gary Bromley était nommé 'Bones' parce qu'il était petit. Son masque de gardien de but était peint pour représenter son surnom.

 Dan Cloutier a porté un vieux style de masque pour la majorité de sa carrière. Il avait le logo des Canucks peint sur le côté du masque.

Roberto Luongo a changé l'image sur son masque plus de 10 fois.

Les entraîneurs

Roger Nielson a seulement entraîné l'équipe de Vancouver pour une courte durée mais il a mené l'équipe à son premier championnat de **la Coupe Stanley** en 1982.

Pat Quinn a entraîné les Canucks pourqu'ils arrivent au championnat de la Coupe Stanley en 1994. Il a entraîné cinq différentes équipes de la LNH pendant ses 30 ans de carrière.

Marc Crawford était avec l'équipe pendant sept saisons. Ils ont gagné 246 matchs et ont joué dans les séries éliminatoires quatre fois.

Alain Vigneault était le premier entraîneur des Canucks à atteindre 50 victoires dans une seule saison.

La mascotte

La mascotte de Vancouver est nommé *Fin*.
C'est une orque (un épaulard). Il encourage les
spectateurs pendant les matchs et taquine les
autres équipes de la LNH.

Depuis plusieurs années, *Fin* joue dans les
Jeux de mascottes célèbres. Il fait concurrence
à des mascottes de d'autres ligues sportives.
L'événement ramasse de l'argent pour accorder
les vœux des enfants malades.

Fin peut asperger les gens avec de l'eau qui sort
de son évent et il lance des t-shirts dans la foule.

Les records des Canucks

Les Canucks qui mènent dans les records

Le plus de buts
Markus Naslund
346 buts

Le plus de matchs joués
Trevor Linden
1 140 matchs joués

Le plus de minutes de pénalité
Gino Odjick
2 127 minutes de pénalité

Le plus de passes décisives
Henrik Sedin
504 passes décisives

Le plus de points
Markus Naslund
756 points

Le plus de matchs gagnés par un gardien de but
Kirk McLean
211 matchs gagnés

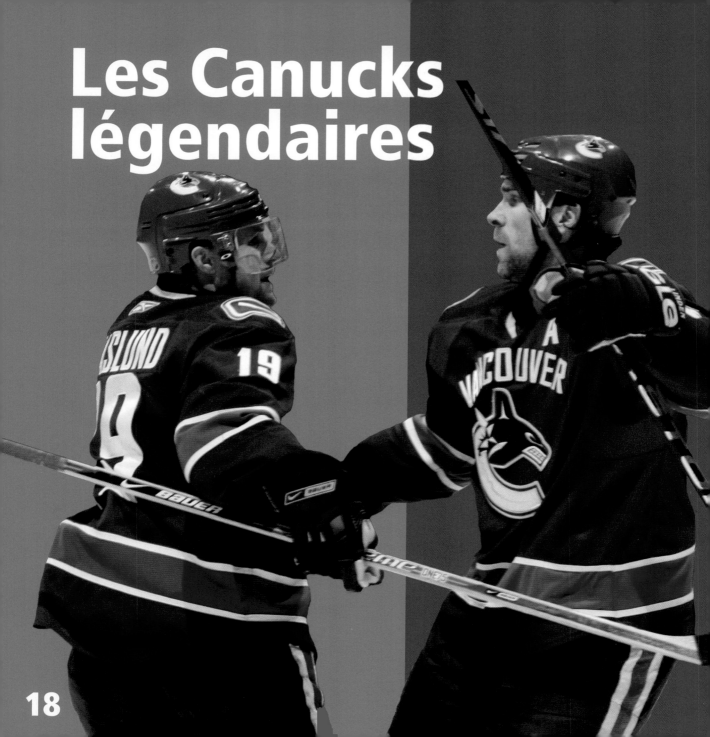

Les Canucks
légendaires

MARKUS NASLUND

n° 19

Position : ailier gauche
Saisons avec les Canucks : 12
Né : le 30 juillet, 1973
Ville natale : Omskoldsvik, Suède

DÉTAILS DE CARRIÈRE

Les Penguins de Pittsburgh ont repêché Markus Naslund en 1991 dans **le repêchage universel de la LNH**. En 1996, il a été échangé aux Canucks. Dans la saison de 2002–2003, Naslund était le deuxième tireur de la LNH avec 104 points. Cette année-là, il a été voté **le joueur le plus utile** par les autres joueurs de la LNH. Naslund était capitaine de l'équipe de Vancouver de 2000 jusqu'en 2008. Il a joué une saison avec les Rangers de New York en 2009–2010. Il a pris sa retraite en 2010.

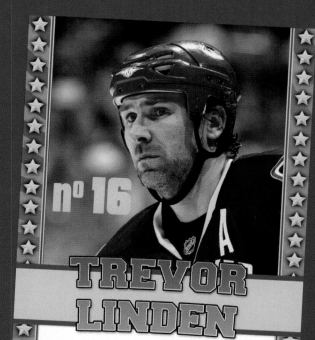

TREVOR LINDEN

n° 16

Position : centre
Saisons avec les Canucks : 16
Né : le 11 avril, 1970
Ville natale : Medicine Hat, Alberta

DÉTAILS DE CARRIÈRE

Trevor Linden était repêché en deuxième position par les Canucks en 1988. Il a joué presque dix ans avec les Canucks avant d'être échangé aux Islanders de New York. Linden a joué pour deux autres équipes avant de revenir aux Canucks en 2001. Il était capitaine des Canucks entre 1990 et 1997 et a pris sa retraite des Canucks en 2008. En 1 382 matchs dans la LNH, Linden a accumulé un total de 867 points.

Les vedettes
des Canucks

ROBERTO LUONGO

Position : gardien de but
Saisons avec les Canucks : 5
Né : le 4 avril, 1979
Ville natale : Montréal, Québec

DÉTAILS DE CARRIÈRE

Roberto Luongo était repêché par les Islanders de New York en 1997. Après un an, il était échangé aux Panthers de la Floride. Dans la saison 2003–2004, il a établi un record dans la LNH pour le plus de buts arrêtés dans une saison avec 2 303 arrêts. Luongo s'est joint à Vancouver en 2006. En 2008, il a été nommé capitaine d'équipe. Il était le septième gardien de but à être nommé capitaine d'équipe dans l'histoire de la LNH et le premier depuis 1948. Il est présentement en deuxième position pour le nombre de matchs gagnés par un gardien de but de tout temps.

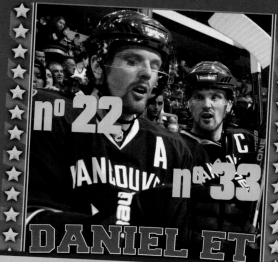

DANIEL ET HENRIK SEDIN

Position : ailier gauche et centre
Saisons avec les Canucks : 10
Nés : le 26 septembre, 1980
Ville natale : Omskoldsvik, Suède

DÉTAILS DE CARRIÈRE

Daniel et Henrik Sedin étaient repêchés tous les deux par les Canucks en 1999. Les jumeaux ont joué sur la même ligne offensive depuis qu'ils étaient jeunes. Dans la saison 2009–2010, Henrik a mené la LNH en passes décisives avec 83 passes et 112 points. Il était nommé le joueur le plus utile de la ligue. Après cette saison, Henrik était nommé capitaine d'équipe. La prochaine saison, Daniel a mené la LNH en nombre de points. Les frères sont classés au quatrième et cinquième rang pour les tireurs des Canucks de tout temps.

Les moments inoubliables

1970

Le 9 octobre, les Canucks disputent leur premier match dans la LNH. Il y a une foule bondée de 15 564 spectateurs. Les Canucks perdent mais gagnent leur premier match dans la LNH deux jours plus tard.

1982

Les Canucks gagnent dans leur première série éliminatoire et se rendent jusqu'au championnat de la Coupe Stanley. Ils perdent contre les Islanders de New York dans quatre matchs. Lorsque l'équipe revient à Vancouver, environ 100 000 spectateurs défilent dans la rue pour célébrer les efforts de l'équipe.

1992

Pavel Bure marque 60 points en 65 matchs. Il gagne le titre de **nouvelle recrue** de l'année de la LNH. La prochaine saison, le 'Russian Rocket' devient le premier joueur de Vancouver à marquer 60 points dans une seule saison.

2011

Les Canucks finissent la saison régulière en tant que meilleure équipe de la LNH. Ceci a valu à Vancouver de gagner son premier trophée du Président. Pendant les séries éliminatoires, les Canucks avancent au championnat de la Coupe Stanley pour la première fois depuis 1994. Ils sont éliminés par les Bruins de Boston en sept matchs.

1994

Les Canucks arrivent au championnat de la Coupe Stanley une deuxième fois. Ils perdent aux Rangers de New York en sept matchs.

Les devinettes

Teste tes connaissances des Canucks de Vancouver en trouvant la solution à ces devinettes.

1. Combien de fois les Canucks de Vancouver ont-ils gagné dans leur division ?

2. En quelles années les Canucks ont-ils joué dans le championnat de la Coupe Stanley ?

3. Quelle sorte d'animal est la mascotte des Canucks ?

4. Quel était le nom de l'aréna des Canucks pendant les Jeux olympiques d'hiver en 2010 ?

5. Quel joueur des Canucks a marqué le plus de buts ?

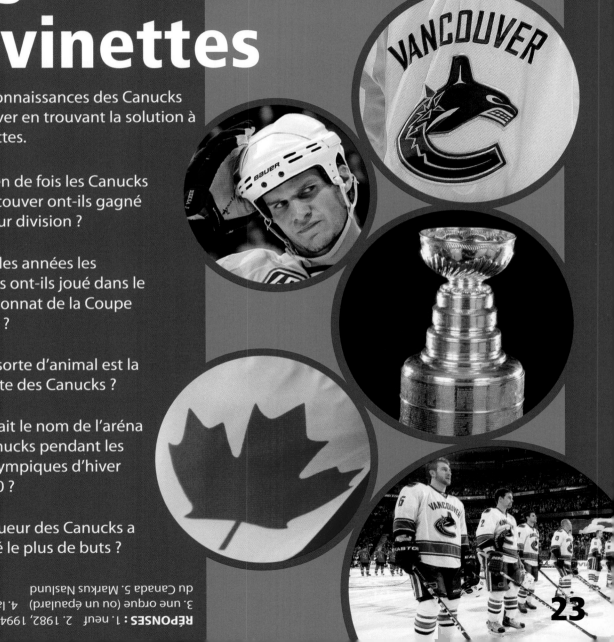

RÉPONSES : 1. neuf   2. 1982, 1994 et 2011   3. une orque (ou un épaulard)   4. la Place du Hockey du Canada   5. Markus Naslund

Glossaire

aréna : un centre sportif avec une patinoire où les équipes de hockey jouent leurs matchs

capacité : le nombre maximum de personnes qui peuvent entrer dans un stade ou un aréna

Coupe Stanley : le prix de la Ligue nationale de hockey pour l'équipe qui a le mieux joué dans la série éliminatoire

division : un regroupement d'équipes (de hockey)

joueur le plus utile : le joueur qui a le plus contribué au succès de son équipe

Ligue nationale de hockey (LNH) : une organisation des équipes de hockey professionnelles

logo : un symbole qui représente une équipe

mascotte : un animal ou autre objet qui apporte de la chance à une équipe

nouvelle recrue / joueur professionnel depuis moins d'un an : un joueur ou une joueuse dans sa première saison professionnelle

orque : un épaulard, une espèce de baleine noire et blanche qui a coutume d'être agressive

repêchage (universel) de la LNH : la sélection de joueurs de hockey junior pour joindre les équipes de la LNH

Index